Impressum
Verlag: BABADADA GmbH, Nedderfeld 112 , 22529 Hamburg
Geschäftsführer / Verlagsleitung: Harald Hof
Druck: Books on Demand GmbH, In de Tarpen 42, 22848 Norderstedt

Imprint
Publisher: BABADADA GmbH, Nedderfeld 112 , 22529 Hamburg, Germany
Managing Director / Publishing direction: Harald Hof
Print: Books on Demand GmbH, In de Tarpen 42, 22848 Norderstedt

divide
dividir

186/2

board
el pizarrón

classroom
el aula

school yard
el patio de la escuela

teacher
el maestro

paper
el papel

write
escribir

pen
la birome

desk
el escritorio

ruler
la regla

book
el libro

pupil
el alumno

satchel
la mochila

pencil case
la caja de lápices

pencil
el lápiz

pencil sharpener
el sacapuntas

rubber
la goma (de borrar)

drawing pad
el bloc de dibujo

drawing

el dibujo

paintbrush

el pincel

paint box

la caja de pinturas

scissors

la tijera

glue

el pegamento

exercise book

el cuaderno de ejercicios

homework

la tarea

number

el número

add

sumar

subtract

restar

multiply

multiplicar

calculate

calcular

letter

la letra

alphabet

el abecedario

word

la palabra

text
el texto

read
leer

chalk
la tiza

lesson
la lección

register
el cuaderno de clase

examination
el examen

certificate
el certificado

school uniform
el uniforme escolar

education
la educación

encyclopedia
la enciclopedia

university
la universidad

microscope
el microscopio

map
el mapa

waste-paper basket
el tacho (de basura)

school - el colegio

hotel
el hotel

hostel
el hostel

currency exchange office
la casa de cambio

suitcase
la valija

car
el auto

language

el idioma

yes / no

sí / no

Okay

Está bien

hello

hola

translator

el traductor

Thank you

Gracias

how much is...?

¿cuánto cuesta...?

I don´t get it

No entiendo

problem

el problema

Good evening!

¡Buenas tardes!

Good morning!

¡Buenos días!

Good night!

¡Buenas noches!

goodbye

el adiós

direction

la dirección

luggage

el equipaje

bag

el bolso

backpack

la mochila

guest

el invitado

room

la habitación

sleeping bag

la bolsa de dormir

tent

la carpa

tourist information

la información turística

beach

la playa

credit card

la tarjeta de crédito

breakfast

el desayuno

lunch

el almuerzo

dinner

la cena

Ticket

el pasaje

elevator

el ascensor

stamp

el sello

border

la frontera

customs

la aduana

embassy

la embajada

visa

la visa

passport

el pasaporte

airplane
el avión

ship
el barco

fire truck
la autobomba

bus
el colectivo

truck
el camión

motorboat
la lancha a motor

car
el auto

bike
la bicicleta

ferry
el ferry

boat
el bote

motorbike
la moto

police car
el patrullero

racing car
el auto de carreras

rental car
el auto de alquiler

car sharing

el alquiler de autos

tow truck

la grúa

garbage truck

el camión de la basura

engine

el motor

fuel

la nafta

fuel station

la estación de servicio

traffic sign

la señal de tránsito

traffic

el tránsito

traffic jam

el embotellamiento

parking lot

el estacionamiento

train station

la estación de tren

tracks

las vías

train

el tren

tram

el tranvía

wagon

el vagón

helicopter

el helicóptero

airport

el aeropuerto

tower

la torre

passenger

el pasajero

container

el contenedor

carton

la caja de cartón

cart

la carretilla

basket

la canasta

take off / land

despegar / aterrizar

## city

## la ciudad

village

el pueblo

city center

el centro de la ciudad

house

la casa

**movie theater** / el cine

**advert** / la publicidad

**street light** / el farol

**street** / la calle

**taxi** / el taxi

**snack shop** / el kiosco

**pedestrian** / el peatón

**sidewalk** / la vereda

**zebra crossing** / el paso peatonal

dumpster / contenedor de basura

**crossing** / el cruce

**traffic lights** / el semáforo

hut

la cabaña

apartment

el departamento

train station

la estación de tren

city hall

la municipalidad

museum

el museo

school

el colegio

university

la universidad

bank

el banco

hospital

el hospital

hotel

el hotel

pharmacy

la farmacia

office

la oficina

book shop

la librería

shop

el negocio

flower shop

la florería

supermarket

el supermercado

market

el mercado

department store

las grandes tiendas

fishmonger's shop

la pescadería

mall

el centro comercial

harbor

el puerto

park

el parque

bench

el banco

bridge

el puente

stairs

las escaleras

subway

el subte

tunnel

el túnel

bus stop

la parada del colectivo

bar

el bar

restaurant

el restaurante

postbox

el buzón

street sign

el letrero

parking meter

el parquímetro

zoo

el zoológico

swimming pool

la pileta

mosque

la mezquita

farm

la granja

pollution

la contaminación

cemetery

el cementerio

church

la iglesia

playground

los juegos infantiles

temple

el templo

## landscape
## el paisaje

leaf
la hoja

signpost
el poste indicador

path
el camino

meadow
la pradera

stone
la piedra

hiker
el excursionista

tree
el árbol

river
el río

grass
la hierba

flower
la flor

valley

el valle

hill

la montaña

lake

el lago

forest

el bosque

desert

el desierto

volcano

el volcán

castle

el castillo

rainbow

el arco iris

mushroom

el champiñón

palm tree

la palmera

mosquito

el mosquito

fly

la mosca

ant

la hormiga

bee

la abeja

spider

la araña

beetle

el escarabajo

frog

la rana

squirrel

la ardilla

hedgehog

el erizo

hare

la liebre

owl

la lechuza

bird

el pájaro

swan

el cisne

boar

el jabalí

deer

el ciervo

moose

el alce

dam

la presa

wind turbine

el aerogenerador

solar panel

el panel solar

climate

el clima

waiter
el mozo

menu
el menú

chair
la silla

soup
la sopa

pizza
la pizza

cutlery
los cubiertos

tablecloth
el mantel

starter

la entrada

main course

el plato principal

dessert

el postre

drinks

las bebidas

food

la comida

bottle

la botella

fast food

la comida rápida

street food

la comida callejera

teapot

la tetera

sugar bowl

la azucarera

portion

la porción

espresso machine

la cafetera expreso

high chair

la sillita alta

bill

la cuenta

tray

la bandeja

knife

el cuchillo

fork

el tenedor

spoon

la cuchara

teaspoon

la cucharita

serviette

la servilleta

glass

el vaso

plate

el plato

soup plate

el plato hondo

saucer

el plato

sauce

la salsa

salt shaker

el salero

pepper mill

el molinillo de pimienta

vinegar

el vinagre

oil

el aceite

spices

las especias

ketchup

el kétchup

mustard

la mostaza

mayonnaise

la mayonesa

# supermarket
## el supermercado

special offer
la oferta especial

customer
el cliente

dairy products
los lácteos

fruit
la fruta

shopping cart
el changuito

butcher's shop
la carnicería

bakery
la panadería

weigh
pesar

vegetables
las verduras

meat
la carne

frozen food
los alimentos congelados

cold cuts

los fiambres

canned food

los alimentos enlatados

detergent

el detergente en polvo

candy

las golosinas

household products

los electrodomésticos

cleaning products

los productos de limpieza

sales representative

la vendedora

cash register

la caja

cashier

el cajero

shopping list

la lista de compras

opening hours

el horario de atención

wallet

la billetera

credit card

la tarjeta de crédito

bag

la cartera

plastic bag

la bolsa de plástico

## las bebidas

water

el agua

juice

el jugo

milk

la leche

coke

la bebida cola

wine

el vino

beer

la cerveza

alcohol

el alcohol

cocoa

el cacao

tea

el té

coffee

el café

espresso

el café expreso

cappuccino

el cappuccino

banana

la banana

apple

la manzana

orange

la naranja

melon

el melón

lemon

el limón

carrot

la zanahoria

garlic

el ajo

bamboo

el bambú

onion

la cebolla

mushroom

el champiñón

nuts

las nueces

noodles

los fideos

spaghetti

los tallarines

rice

el arroz

salad

la ensalada

fries

las papas fritas

fried potatoes

las papas fritas

pizza

la pizza

hamburger

la hamburguesa

sandwich

el sándwich

escalope

el churrasco

ham

el jamón

salami

el salame

sausage

la salchicha

chicken

el pollo

roast

el asado

fish

el pescado

porridge oats

los copos de avena

muesli

el muesli

cornflakes

los copos de maíz

flour

la harina

croissant

la medialuna

bread roll

el pancito

bread

el pan

toast

la tostada

cookies

las galletitas

butter

la manteca

curd

la cuajada

cake

la torta

egg

el huevo

fried egg

el huevo frito

cheese

el queso

food - la comida

ice cream

el helado

sugar

el azúcar

honey

la miel

jelly

la mermelada

nougat cream

la pasta de chocolate

curry

el curry

farm house
la granja

straw bale
el fardo de paja

barn
el granero

field
el campo

horse
el caballo

trailer
el remolque

foal
el potrillo

tractor
el tractor

donkey
el burro

sheep
la oveja

lamb
el cordero

goat

la cabra

cow

la vaca

calf

el ternero

pig

el cerdo

piglet

el lechón

bull

el toro

goose

el ganso

duck

el pato

chick

el pollo

hen

la gallina

cockerel

el gallo

rat

la rata

cat

el gato

mouse

el ratón

ox

el buey

dog

el perro

dog house

la cucha

garden hose

la manguera

watering can

la regadera

scythe

la guadaña

plow

el arado

sickle

la hoz

hoe

la azada

pitchfork

la horquilla

axe

el hacha

pushcart

la carretilla

trough

el abrevadero

milk can

la lechera

sack

la bolsa

fence

la reja

stable

el establo

greenhouse

el invernadero

soil

el suelo

seed

la semilla

fertilizer

el fertilizador

combine harvester

la cosechadora

harvest

cosechar

harvest

la cosecha

yams

las batatas

wheat

el trigo

soya

la soja

potato

la papa

corn

el maíz

rapeseed

la semilla de colza

fruit tree

el árbol frutal

manioc

la mandioca

grain

los cereales

chimney
la chimenea

roof
el techo

downspout
el caño de desagüe

window
la ventana

garage
el garaje

doorbell
el timbre

door
la puerta

trash can
el tacho de basura

mailbox
el buzón

garden
el jardín

living room

el living

bathroom

el baño

kitchen

la cocina

bedroom

el dormitorio

kids room

el cuarto de los chicos

dining room

el comedor

floor

el piso

wall

la pared

ceiling

el cielorraso

cellar

el sótano

sauna

el sauna

balcony

el balcón

terrace

la terraza

pool

la pileta

lawn mower

la cortadora de pasto

sheet

la sábana

bedspread

el acolchado

bed

la cama

broom

la escoba

bucket

el balde

switch

el interruptor

wallpaper
el empapelado

picture
la imagen

lamp
la lámpara

shelf
el estante

cabinet
el armario

television
la televisión

fireplace
la chimenea

flower
la flor

cushion
el almohadón

sofa
el sofá

vase
el florero

remote control
el control remoto

carpet
la alfombra

drape
la cortina

table
la mesa

chair
la silla

rocking chair
la mecedora

armchair
el sillón

book
......................
el libro

blanket
......................
la frazada

decoration
......................
la decoración

firewood
......................
la leña

film
......................
la película

stereo system
......................
el equipo de música

key
......................
la llave

newspaper
......................
el diario

painting
......................
la pintura

poster
......................
el póster

radio
......................
la radio

notebook
......................
el cuaderno

vacuum cleaner
......................
la aspiradora

cactus
......................
el cactus

candle
......................
la vela

fridge
la heladera

microwave oven
el microondas

kitchen scales
la balanza de cocina

toaster
la tostadora

laundry detergent
el detergente

stove
el horno

freezer
el freezer

trash can
el tacho de basura

dishwasher
el lavaplatos

cooker
................
la cocina

pot
................
la olla

cast-iron pot
................
la olla de hierro fundido

wok / kadai
................
el wok

pan
................
la sartén

kettle
................
la pava

steamer

la vaporera

baking tray

la bandeja de horno

crockery

la vajilla

mug

la taza

bowl

el bol

chopsticks

los palitos

ladle

el cucharón

spatula

la espátula

whisk

la batidora

strainer

el colador

sieve

el colador

grater

el rallador

mortar

el mortero

barbecue

la parrilla

fireplace

la fogata

chopping board

la tabla de picar

rolling pin

el palo de amasar

corkscrew

el sacacorchos

can

la lata

can opener

el abrelatas

oven cloth

la manopla

sink

la pileta

brush

el cepillo

sponge

la esponja

blender

la batidora

deep freezer

el congelador

baby bottle

la mamadera

tap

la canilla

kitchen - la cocina

# bathroom

## el baño

heating
la calefacción

shower
la ducha

towel
la toalla

shower curtain
la cortina de la ducha

bubble bath
el baño de espuma

bathtub
la bañadera

glass
el vaso

washing machine
el lavarropas

tiles
las baldosas

tap
la canilla

potty
la pelela

sink
la pileta

toilet
.................
el inodoro

squat toilet
.................
la letrina

bidet
.................
el bidé

urinal
.................
el mingitorio

toilet paper
.................
el papel higiénico

toilet brush
.................
el cepillo para el inodoro

**toothbrush**

el cepillo de dientes

**toothpaste**

el dentífrico

**dental floss**

el hilo dental

**wash**

lavar

**hand shower**

la ducha de mano

**douche**

la ducha higiénica

**basin**

la palangana

**back brush**

el cepillo para la espalda

**soap**

el jabón

**shower gel**

el gel de ducha

**shampoo**

el shampoo

**flannel**

la toallita

**drain**

el desagüe

**creme**

la crema

**deodorant**

el desodorante

mirror

el espejo

hand mirror

el espejito

razor

la maquinita de afeitar

shaving foam

la espuma de afeitar

aftershave

el aftershave

comb

el peine

brush

el cepillo

hair-dryer

el secador de pelo

hairspray

el spray

makeup

el maquillaje

lipstick

el lápiz de labios

nail varnish

el esmalte para uñas

cotton wool

el algodón

nail scissors

la tijera para uñas

perfume

el perfume

washbag

el portacosméticos

stool

la banqueta

weighing scales

la balanza

bathrobe

la bata

rubber gloves

los guantes de goma

tampon

el tampón

sanitary towel

la toallita femenina

chemical toilet

el baño químico

# kids room
## el cuarto de los chicos

alarm clock
el despertador

cuddly toy
el peluche

toy car
el coche de juguete

rattle
el sonajero

doll's house
la casa de muñecas

present
el regalo

balloon

el globo

bed

la cama

stroller

el cochecito

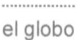

deck of cards

las cartas

jigsaw

el rompecabezas

comic

la historieta

lego bricks

las piezas de lego

toy blocks

los ladrillos de juguete

action figure

la figura de acción

romper suit

el enterito (de bebé)

frisbee

el frisbee

mobile

el móvil para bebés

board game

el juego de mesa

dice

los dados

model train set

el tren eléctrico

pacifier

el chupete

party

la fiesta

picture book

el libro de cuentos ilustrado

ball

la pelota

doll

la muñeca

play

jugar

sandpit

el arenero

swing

la hamaca

toys

los juguetes

video game console

la consola de videojuegos

tricycle

el triciclo

teddy bear

el osito de peluche

wardrobe

el armario

## clothing

## la ropa

socks

las medias

stockings

las medias panty

tights

las calzas

scarf
la bufanda

belt
el cinturón

umbrella
el paraguas

t-shirt
la remera

sneakers
las zapatillas

boots
las botas

slippers
las pantuflas

sandals

las sandalias

shoes

los zapatos

rubber boots

las botas de goma

underwear

la ropa interior

bra

el corpiño

undershirt

el chaleco

body

el body

pants

los pantalones

jeans

los jeans

skirt

la pollera

blouse

la blusa

shirt

la camisa

pullover

el pulóver

sweater

el buzo

blazer

el blazer

jacket

la campera

coat

el tapado

raincoat

el piloto

costume

el traje

dress

el vestido

wedding dress

el vestido de novia

suit

el traje

nightgown

el camisón

pajamas

el pijama

sari

el sari

headscarf

el pañuelo para la cabeza

turban

el turbante

burka

la burka

kaftan

el caftán

abaya

la abaya

swimsuit

el traje de baño

trunks

el short de baño

shorts

los shorts

tracksuit

el jogging

apron

el delantal

gloves

los guantes

button

el botón

glasses

los anteojos

bracelet

la pulsera

necklace

el collar

ring

el anillo

earring

el aro

cap

la gorra

coat hanger

la percha

hat

el sombrero

tie

la corbata

zip

el cierre

helmet

el casco

braces

los tiradores

school uniform

el uniforme escolar

uniform

el uniforme

bib

el babero

pacifier

el chupete

diaper

el pañal

server
el servidor

filing cabinet
el archivero

printer
la impresora

paper
el papel

monitor
el monitor

desk
el escritorio

mouse
el mouse

folder
la carpeta

keyboard
el teclado

waste-paper basket
el tacho (de basura)

chair
la silla

computer
la computadora

coffee mug

la taza de café

calculator

la calculadora

internet

el internet

laptop

la laptop

letter

la carta

message

el mensaje

cell phone

el celular

network

la red

photocopier

la fotocopiadora

software

el software

telephone

el teléfono

plug socket

el tomacorriente

fax machine

el fax

form

el formulario

document

el documento

buy

comprar

pay

pagar

trade

hacer negocios

money

el dinero

**USD**

dollar

el dólar

**EUR**

euro

el euro

**JPY**

yen

el yen

**RUB**

rouble

el rublo

**CHF**

Swiss franc

el franco suizo

**CNY**

renminbi yuan

el yuan

**INR**

rupee

la rupia

cash point

el cajero automático

currency exchange office

la casa de cambio

gold

el oro

silver

la plata

oil

el petróleo

energy

la energía

price

el precio

contract

el contrato

tax

el impuesto

stock

la acción

work

trabajar

employee

el empleado

employer

el empleador

factory

la fábrica

shop

el negocio

police officer
el policía

fireman
el bombero

pilot
el piloto

cook
el cocinero

doctor
el médico

gardener

el jardinero

carpenter

el carpintero

seamstress

la modista

judge

el juez

chemist

el farmacéutico

actor

el actor

bus driver

el colectivero

taxi driver

el taxista

fisherman

el pescador

cleaning lady

la mucama

roofer

el techista

waiter

el mozo

hunter

el cazador

painter

el pintor

baker

el panadero

electrician

el electricista

builder

el albañil

engineer

el ingeniero

butcher

el carnicero

plumber

el plomero

postman

el cartero

soldier

el soldado

architect

el arquitecto

cashier

el cajero

florist

el florista

hairdresser

el peluquero

conductor

el cobrador

mechanic

el mecánico

captain

el capitán

dentist

el dentista

scientist

el científico

rabbi

el rabino

imam

el imán

monk

el monje

pastor

el sacerdote

## las herramientas

hammer
el martillo

pliers
la tenaza

screwdriver
el destornillador

wrench
la llave

torch
la linterna

excavator

la excavadora

toolbox

la caja de herramientas

ladder

la escalera portátil

saw

la sierra

nails

los clavos

drill

el taladro

repair

arreglar

shovel

la pala de jardín

Damn!

¡Qué bronca!

dustpan

la pala de plástico

paint can

el tacho de pintura

screws

los tornillos

## musical instruments
## los instrumentos musicales

drum set
la batería

loud speaker
el parlante

guitar
la guitarra

double bass
el contrabajo

trumpet
la trompeta

piano

el piano

violin

el violín

bass

el bajo

timpani

los timbales

drums

el tambor

keyboard

el teclado

saxophone

el saxofón

flute

la flauta

microphone

el micrófono

# el zoológico

entrance
la entrada

tiger
el tigre

cage
la jaula

zebra
la cebra

animal feed
el alimento para animales

panda
el oso panda

animals
los animales

elephant
el elefante

kangaroo
el canguro

rhino
el rinoceronte

gorilla
el gorila

bear
el oso

camel

el camello

ostrich

el avestruz

lion

el león

monkey

el mono

flamingo

el flamenco

parrot

el loro

polar bear

el oso polar

penguin

el pingüino

shark

el tiburón

peacock

el pavo real

snake

la serpiente

crocodile

el cocodrilo

zookeeper

el cuidador del zoológico

seal

la foca

jaguar

el jaguar

pony
el poni

leopard
el leopardo

hippo
el hipopótamo

giraffe
la jirafa

eagle
el águila

boar
el jabalí

fish
el pescado

turtle
la tortuga

walrus
la morsa

fox
el zorro

gazelle
la gacela

American football
el fútbol americano

cycling
el ciclismo

tennis
el tenis

basketball
el básquet

swimming
la natación

ice hockey
el hockey sobre hielo

boxing
el boxeo

soccer
el fútbol

badminton
el bádminton

athletics
el atletismo

handball
el handball

skiing
el esquí

polo
el polo

jump
saltar

hug
abrazar

laugh
reír

walk
caminar

sing
cantar

pray
rezar

kiss
besar

dream
soñar

write
escribir

draw
dibujar

show
mostrar

push
presionar

give
dar

take
tomar

have

tener

do

hacer

be

ser

stand

estar parado

run

correr

pull

tirar

throw

tirar

fall

caer

lie

estar acostado

wait

esperar

carry

llevar

sit

estar sentado

get dressed

vestirse

sleep

dormir

wake up

despertar

activities - las actividades

look at

mirar

cry

llorar

stroke

acariciar

comb

peinar

talk

hablar

understand

entender

ask

preguntar

listen

escuchar

drink

beber

eat

comer

tidy up

ordenar

love

amar

cook

cocinar

drive

manejar

fly

volar

activities - las actividades

sail

navegar

calculate

calcular

read

leer

learn

aprender

work

trabajar

marry

casarse

sew

coser

brush teeth

cepillarse los dientes

kill

matar

smoke

fumar

send

enviar

grandmother
la abuela

grandfather
el abuelo

father
el padre

mother
la madre

baby
el bebé

daughter
la hija

son
el hijo

guest

el invitado

aunt

la tía

uncle

el tío

brother

el hermano

sister

la hermana

forehead
la frente

eye
el ojo

shoulder
el hombro

finger
el dedo

face
la cara

chin
la pera

hand
la mano

breast
el pecho

leg
la pierna

arm
el brazo

baby

el bebé

man

el hombre

woman

la mujer

girl

la nena

boy

el nene

head

la cabeza

back
..................
la espalda

belly
..................
la panza

navel
..................
el ombligo

toe
..................
el dedo del pie

heel
..................
el talón

bone
..................
el hueso

hip
..................
la cadera

knee
..................
la rodilla

elbow
..................
el codo

nose
..................
la nariz

buttocks
..................
la cola

skin
..................
la piel

cheek
..................
el cachete

ear
..................
la oreja

lip
..................
el labio

mouth

la boca

tooth

el diente

tongue

la lengua

brain

el cerebro

heart

el corazón

muscle

el músculo

lung

el pulmón

liver

el hígado

stomach

el estómago

kidneys

los riñones

sex

el sexo

condom

el preservativo

ovum

el óvulo

semen

el semen

pregnancy

el embarazo

menstruation

la menstruación

vagina

la vagina

penis

el pene

eyebrow

la ceja

hair

el pelo

neck

el cuello

hospital
el hospital

ambulance
la ambulancia

wheelchair
la silla de ruedas

fracture
la fractura

doctor

el médico

emergency room

la sala de guardia

nurse

la enfermera

emergency

la emergencia

unconscious

inconsciente

pain

el dolor

injury

la lesión

bleeding

la hemorragia

heart attack

el infarto

stroke

el ACV

allergy

la alergia

cough

la tos

fever

la fiebre

flu

la gripe

diarrhea

la diarrea

headache

el dolor de cabeza

cancer

el cáncer

diabetes

la diabetes

surgeon

el cirujano

scalpel

el bisturí

operation

la operación

CT

la TC

x-ray

los rayos x

ultrasound

la ecografía

face mask

el barbijo

disease

la enfermedad

waiting room

la sala de espera

crutch

la muleta

plaster

la curita

bandage

la venda

injection

la inyección

stethoscope

el estetoscopio

stretcher

la camilla

clinical thermometer

el termómetro

birth

el nacimiento

overweight

el sobrepeso

hearing aid

el audífono

disinfectant

el desinfectante

infection

la infección

virus

el virus

HIV / AIDS

el VIH / SIDA

medicine

el remedio

vaccination

la vacunación

tablets

los comprimidos

pill

la pastilla anticonceptiva

emergency call

la llamada de emergencia

blood pressure monitor

el tensiómetro

ill / healthy

enfermo / sano

Help!

¡Ayuda!

alarm

la alarma

assault

la agresión

attack

el ataque

danger

el peligro

emergency exit

la salida de emergencia

Fire!

¡Fuego!

fire extinguisher

el matafuego

accident

el accidente

first-aid kit

el botiquín de primeros auxilios

SOS

el SOS

police

la policía

Europe

Europa

North America

América del Norte

South America

América del Sur

Africa

África

Asia

Asia

Australia

Australia

Atlantic

el Atlántico

Pacific

el Pacífico

Indian Ocean

el Océano Índico

Antarctic Ocean

el Océano Antártico

Arctic Ocean

el Océano Ártico

North pole

el polo norte

South pole

el polo sur

Antarctica

la Antártida

earth

la Tierra

land

la tierra

sea

el mar

island

la isla

nation

la nación

state

el estado

clock face

la esfera

hour hand

la manecilla de las horas

minute hand

el minutero

second hand

el segundero

What time is it?

¿Qué hora es?

day

el día

time

la hora

now

ahora

digital watch

el reloj digital

minute

el minuto

hour

la hora

Monday — lunes
Wednesday — miércoles
Friday — viernes
Tuesday — martes
Thursday — jueves
Saturday — sábado
Sunday — domingo

yesterday

ayer

today

hoy

tomorrow

mañana

morning

la mañana

noon

el mediodía

evening

la tarde

| MO | TU | WE | TH | FR | SA | SU |
|----|----|----|----|----|----|----|
| 1 | 2 | 3 | 4 | 5 | 6 | 7 |
| 8 | 9 | 10 | 11 | 12 | 13 | 14 |
| 15 | 16 | 17 | 18 | 19 | 20 | 21 |
| 22 | 23 | 24 | 25 | 26 | 27 | 28 |
| 25 | 30 | 31 | 1 | 2 | 3 | 4 |

workdays

los días hábiles

| MO | TU | WE | TH | FR | SA | SU |
|----|----|----|----|----|----|----|
| 1 | 2 | 3 | 4 | 5 | 6 | 7 |
| 8 | 9 | 10 | 11 | 12 | 13 | 14 |
| 15 | 16 | 17 | 18 | 19 | 20 | 21 |
| 22 | 23 | 24 | 25 | 26 | 27 | 28 |
| 29 | 30 | 31 | 1 | 2 | 3 | 4 |

weekend

el fin de semana

rain
la lluvia

rainbow
el arco iris

snow
la nieve

wind
el viento

spring
la primavera

fall
el otoño

summer
el verano

winter
el invierno

weather forecast

el pronóstico meteorológico

thermometer

el termómetro

sunshine

la luz del sol

cloud

la nube

fog

la niebla

humidity

la humedad

lightning

el rayo

thunder

el trueno

storm

la tormenta

hail

el granizo

monsoon

el monzón

flood

la inundación

ice

el hielo

January

enero

February

febrero

March

marzo

April

abril

May

mayo

June

junio

July

julio

August

agosto

September
.................
septiembre

October
.................
octubre

November
.................
noviembre

December
.................
diciembre

circle
.................
el círculo

square
.................
el cuadrado

rectangle
.................
el rectángulo

triangle
.................
el triángulo

sphere
.................
la esfera

cube
.................
el cubo

# colors

## colores

white

blanco

yellow

amarillo

orange

naranja

pink

rosa

red

rojo

purple

violeta

blue

azul

green

verde

brown

marrón

gray

gris

black

negro

a lot / a little

mucho / poco

angry / calm

enojado / tranquilo

beautiful / ugly

lindo / feo

beginning / end

el principio / el fin

big / small

grande / chico

bright / dark

claro / oscuro

brother / sister

el hermano / la hermana

clean / dirty

limpio / sucio

complete / incomplete

completo / incompleto

day / night

el día / la noche

dead / alive

muerto / vivo

wide / narrow

ancho / angosto

edible / inedible

comestible / no comestible

evil / kind

malo / amable

excited / bored

entusiasmado / aburrido

fat / thin

gordo / flaco

first / last

primero / último

friend / enemy

el amigo / el enemigo

full / empty

lleno / vacío

hard / soft

duro / blando

heavy / light

pesado / liviano

hunger / thirst

el hambre / la sed

ill / healthy

enfermo / sano

illegal / legal

ilegal / legal

intelligent / stupid

inteligente / estúpido

left / right

izquierda / derecha

near / far

cerca / lejos

**new / used**

nuevo / usado

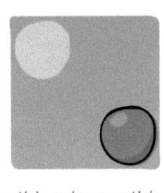

**nothing / something**

nada / algo

**old / young**

viejo / joven

**on / off**

encendido / apagado

**open / closed**

abierto / cerrado

**quiet / loud**

silencioso / ruidoso

**rich / poor**

rico / pobre

**right / wrong**

correcto / incorrecto

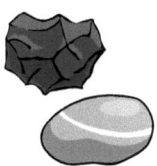

**rough / smooth**

áspero / suave

**sad / happy**

triste / contento

**short / long**

corto / largo

**slow / fast**

lento / rápido

**wet / dry**

mojado / seco

**warm / cool**

caliente / frío

**war / peace**

guerra / paz

# numbers

## los números

**0**

zero

cero

**1**

one

uno

**2**

two

dos

**3**

three

tres

**4**

four

cuatro

**5**

five

cinco

**6**

six

seis

**7**

seven

siete

**8**

eight

ocho

**9**

nine

nueve

**10**

ten

diez

**11**

eleven

once

**12**

twelve

doce

**13**

thirteen

trece

**14**

fourteen

catorce

**15**

fifteen

quince

**16**

sixteen

dieciséis

**17**

seventeen

diecisiete

**18**

eighteen

dieciocho

**19**

nineteen

diecinueve

**20**

twenty

veinte

**100**

hundred

cien

**1.000**

thousand

mil

**1.000.000**

million

el millón

# languages
## los idiomas

English
.............
el inglés

American English
.............
el inglés americano

Chinese Mandarin
.............
el chino mandarín

Hindi
.............
el hindi

Spanish
.............
el español

French
.............
el francés

Arabic
.............
el árabe

Russian
.............
el ruso

Portuguese
.............
el portugués

Bengali
.............
el bengalí

German
.............
el alemán

Japanese
.............
el japonés

I
yo

you
vos

he / she / it
él / ella

we
nosotros

you
ustedes

they
ellos

who?
¿quién?

what?
¿qué?

how?
¿cómo?

where?
¿dónde?

when?
¿cuándo?

name
el nombre

behind

detrás

in

en

in front of

adelante de

over

por encima de

on

sobre

under

debajo de

beside

al lado de

between

entre

place

el lugar